AF283315

Blanca Gama

APULEYO EDICIONES   FOMENTO DE VALORES   CUENTOS ILUSTRADOS

LAS AVENTURAS DE BOTÓN

APULEYO EDICIONES   FOMENTO DE VALORES   CUENTOS ILUSTRADOS

Esta es la historia de un pequeño compañero cuyas aventuras no tenían fin. Se trata de un perrito tan pequeñito que de nombre le pusieron Botón.

Es un perro muy peculiar, tal y como su vida y su familia, que no puede estar más contenta y feliz de compartir todas sus andanzas con este pequeñín y los líos en los que se acaba metiendo.

1

BOTÓN PERDIDO EN ÁFRICA

Después de un viaje lleno de sustos por los saltos que daba su pequeña jaula en la barriga del avión, que a Botón le parecía una enorme ballena, aterrizó en un poblado, desde donde un coche lo llevó al corazón de la selva.

No sabía cómo había ocurrido, pero el pobre Botón durante la sesión fotográfica a una familia de jirafas, se encontró perdido.

Él había saltado del coche para verlas más de cerca, despacito fue hacia donde el grupo rumiaba las ramas de unos árboles.

Las patas de las jirafas eran como enormes columnas para Botón, y andar entre ellas, como un gran laberinto. El pobre perrito desorientado se subió a un gran árbol y por fin desde tan alto, pudo contemplar la belleza de estos animales. Unos grandes ojos, rodeados de tupidas pestañas, y el hocico curioso, que a escasos centímetros del perrito lo observaban, fueron los motivos para que este perdiera el equilibrio y cayera como un felpudo.

Despavoridas, las jirafas emprendieron la huida, corriendo como a cámara lenta, dejando a Botón casi sin vida, en el suelo.

Poco a poco, fue abriendo los ojos, cuando de pronto se vio rodeado por unos monos que daban grandes saltos y gritaban mucho; además, con sus peludos brazos, intentaban agarrarle las orejas a Botón.

Estaban pegadas a su cabeza y su pequeño rabito escondido entre las patas. Temblaba; creía que se lo iban a comer, pero una mona muy grande que llevaba en brazos a un monito pequeñín se acercó a Botón y le pasó la mano, acariciándolo. A partir de ese momento, él supo que tenía nuevos amigos y moviendo su cola alegremente los fue olisqueando.

Al poco rato se pusieron en marcha a través de la selva, donde Botón descubrió animales que nunca había visto: leones, elefantes y preciosas aves de muchos colores.

Tras muchos días de fatigas llegaron a una aldea y los monos se despidieron de Botón, quien les dio muchos lametazos para demostrarles su agradecimiento.

Guiándose por su olfato llegó donde estaba aparcado el coche del cual se había extraviado. Se tendió a su lado, esperando que le encontrasen pronto; su estancia en África no había sido muy dichosa y tenía ganas de volver a su casa.

Pronto se durmió y en sueños escuchó los ladridos de su mamá.

FIN

BOTÓN SUEÑA CON EL AMOR DE SU MAMÁ

A las afueras de una ciudad, en una granja situada en el campo, vivía una perrita rodeada de seis preciosos cachorros.

Pasaban los días y los perritos cada vez eran más grandes. Jugaban entre ellos y así, poco a poco, llegó el momento de separarse. Únicamente uno de ellos, el más pequeñito de todos, disfrutó el verano de la protección de su mamá.

Todas las mañanas, desde su camita rellena de paja, escuchaba el cacareo de las gallinas cuando les daban el grano, ¡él no se acercaba!, pues tenía miedo de que le picotearan el morro.

También había unos cerditos muy gordos con unos graciosos hocicos rosas muy redondos con dos agujeritos, y muchos caballos.

Un día, al despertarse, vio que estaba solo y no escuchó a las gallinas su "kikirikí". Así que, despacito se acercó al gallinero, allí, tendida en el suelo y sin moverse, estaba su querida mamá, intentando proteger a las gallinitas del lobo, pero todo fue en vano.

El pobre perrito se acostó junto a su mamá, la chupaba y chupaba, esperando que esta despertase. ¡Pero, qué fría estaba! "Ya sé", pensó el perrito, "me tumbaré encima y le daré calor con mi pelo...".

Poco a poco, se hizo de noche, tenía mucho miedo y llorando se fue alejando de la granja. Atravesó muchos pueblos, con sus casas iluminadas por una luna muy blanca y redonda.

De pronto, un coche muy grande se detuvo a su lado, lo cogieron y se lo llevaron.

Casi amanecía cuando los brazos de un niño lo estrecharon con fuerza. Ahora formaba parte de una familia de seres humanos y había tenido mucha mucha suerte, eran personas muy cariñosas, bondadosas y curiosas sobre los misterios de la vida, otros países y otras razas.

Cada día salía de paseo con su nuevo amigo, quien le había regalado un collar muy bonito con su nombre en letras muy brillantes: "BOTÓN".

Junto a ellos, Botón sería protagonista de grandes historias.
Pero, ¿qué hacía dentro de la lavadora?

FIN

BOTÓN SE PREPARA PARA SER ASTRONAUTA

Recordó su viaje a África y cómo esperaba con ansias encontrarse de nuevo con su camita, sus juguetes, sus tranquilos paseos por los parques de la ciudad, sus juegos con los perritos del vecino...

Botón ya estaba pensando en algo nuevo, había decidido que quería ser astronauta. Quería ver el cielo desde lo más alto, las estrellas, el sol, otros planetas. ¡Pero, claro!, tenía que prepararse, pues iba a ser una sorpresa para su familia.

Hacía ya mucho rato que todos dormían, así que, con mucho cuidado, Botón fue hacia el cuarto de la colada, donde se lavaba y tendía la ropa familiar, y programó la lavadora en "tejidos delicados"; sería mejor darse un baño y poco a poco llegar a la fase de centrifugado, que era la prueba más importante para él, la más difícil.

El pobre Botón no sabía que lo que estaba haciendo era muy peligroso y solo cuando el agua fue cubriéndolo y empezó a dar vueltas, supo que aquello no era un juego.

Después de muchos minutos, cuando el pobre perrito casi no respiraba, empezó el centrifugado y con los golpes hacia uno y otro lado del tambor fue recobrando la consciencia. ¡Por fin!, había parado. La máquina del terror se abría automáticamente y Botón intentó salir, pero sus patitas no podían sujetarlo. Se tendió de nuevo y esperó a recuperar sus escasas fuerzas, todavía tenía tiempo hasta que los habitantes de la casa se despertasen.

Como le faltaba la prueba de la flotación dentro de la nave espacial, también muy importante, decidió probar poniendo las potentes secadoras de la ropa en marcha, con los tubos sueltos dirigidos a él.

Botón era tan pequeño tan pequeño que inmediatamente empezó a flotar en el cuarto, patas arriba, patas abajo, subiendo y bajando. No sabía cómo podía parar, así pues, con un movimiento muy rápido de sus patas delanteras, se aferró al tendal y como un equilibrista lo atravesó de parte a parte para evitar tocar el suelo, donde los tubos del aire seguían retorciéndose como serpientes.

Al fin..., reluciente y sedoso, se instaló junto a la silla de su amigo mientras le servían un rico desayuno.

Pero, ¿qué decían de ir al Polo Norte?

Corriendo salió del comedor, ese día no quería oír hablar de más aventuras.

FIN

4

BOTÓN VIAJA AL POLO NORTE

Botón temblaba de frío, acurrucado entre unas pieles intentaba dormir, pero no podía. Hacía días que habían llegado a una pequeña aldea situada en el Polo Norte. Allí se habían aprovisionado de comida, linternas, ropas especiales y un trineo tirado por ocho perrazos muy grandes, blancos y negros, con los ojos azules como el mar. Estos eran guiados por sus porteadores, los señores que les acompañarían en su aventura por la nieve.

Poquito a poco, nuestro amigo fue cerrando sus ojitos y con sus orejas muy tiesas, alerta a todo lo que pasaba a su alrededor, se quedó dormido.

Aún no había amanecido cuando le despertaron los ruidos de las personas, que ya tenían todo listo en el trineo para emprender su viaje. Un sabroso olor a jamón y huevos fritos le recordó que no había desayunado. Moviendo su cola alegremente, se acercó a la mesa donde todos reunidos tomaban café y, dando pequeños ladridos, reclamó su parte del festín.

Lo acomodaron en una cesta entre dos señoras muy gordas, que iban sentadas en la parte de atrás en el trineo, el pobre no veía casi nada y tenía que ponerse en dos patas para asomar su cabecita. De esta forma pudo contemplar cómo una enorme bola ardiente salía de la nieve a lo lejos y despacito iba subiendo hasta el cielo, quedando suspendida, iluminando una inmensa pradera de hielo, donde no se escuchaba otro ruido que el trotar de los perros.

Una casita, toda de hielo, un iglú, les dio cobijo esa noche.

Botón nunca había visto tantas y tantas estrellas, salió del iglú sigilosamente, llevaba puesto un traje para la nieve y unas botitas para andar por el hielo. ¡Jo!, cuánto pesaban, pero así no patinaría. Trotando y cayendo, y así todo el rato, escuchó un gruñido enorme. Era como una gran tormenta. Miró a su alrededor, pero no había donde esconderse; ya era tarde, un oso grande como una casa iba directo hacia Botón, que del miedo se había quedado paralizado, como un muñeco de nieve, como un espantapájaros. El oso se acercó y tomándolo entre sus peludos brazos abandonó la pradera.

Caminó y caminó hasta llegar a una playa donde, con mucha delicadeza, puso en las rocas aquello que el oso no sabía qué era, pues Botón estaba enteramente camuflado con su equipo para el frío. Dando media vuelta, abandonó allí lo que pensó sería un juguete divertido para los cientos de focas que en esa playa vivían.

¡Piensa!, Botón, ¡piensa!... A saltitos, fingiendo ser un perrito de cuerda, logró escapar del acoso de las focas, que, por ser tan lentas y pesadas de movimientos, no pudieron retenerlo.

Ya de regreso, mientras estaba tumbado en la alfombra escuchando contar su encuentro con las focas, la belleza de esos animales y los peligros que las acechaban, Botón se alegró de que su familia se preocupase por su salvación y las protegiesen. ¡Eran tan bonitas!, con sus enormes bigotes y sus ojos redondos y tan negros...

¿En la guardería le hablarían de las focas?

FIN

5

BOTÓN
EN LA GUARDERÍA

Una enorme mochila aguardaba junto a la puerta repleta de libros, cuadernos y pinturas de todos los colores. En un bolso, un bocadillo de jamón york y una chocolatina, pero él no lo tocaría, ¡no señor! Había otro bolsillo cerrado con una cremallera y, tirando y tirando con sus dientes, Botón consiguió abrirlo.
¡Bien!, estaba vacío. Con mucho trabajo se metió dentro y se dispuso a pasar la noche.

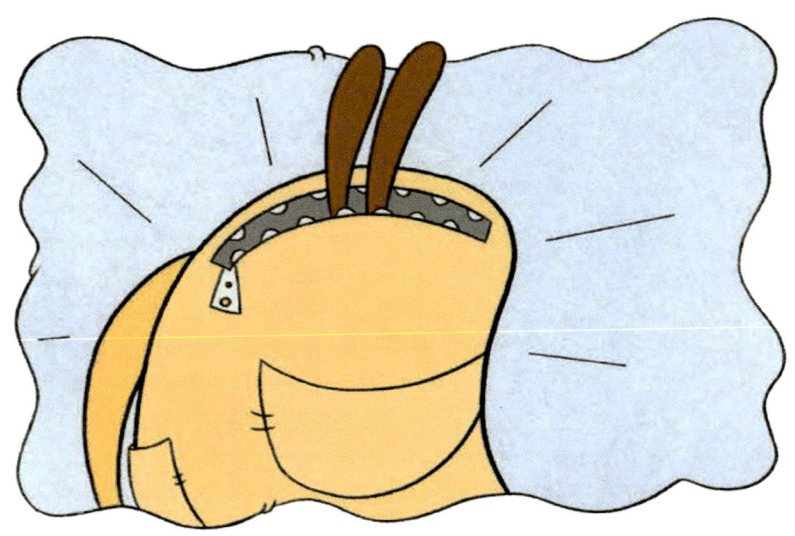

El corazón le latía muy fuerte, ya se iban a la guardería y temía que lo descubriesen.

Se estaban mareando, pues lo zarandeaban de un lado a otro. Y para colmo, ¡zas!, un porrazo al dejarlo en el suelo del autobús. Empezaba muy mal la mañana. De nuevo el vaivén y de nuevo otro golpe al llegar a la clase, se estaba arrepintiendo de haber ido a la guardería.

¡Vaya susto!, ¡uf!, qué mal olía...

Un grito muy grande le hizo esconderse nuevamente y, de repente, notó como algo pegajoso bajaba por su cabeza y sus patas, su cola, sus orejas aplastadas, todo pegado al bolso. Tenía mucho miedo, pero decidió esperar a llegar a casa para pedir ayuda.

El pobre Botón se hacía pis, quería comer y las horas parecía que no pasaban.

¡Por fin!, una campana sonó muy fuerte y todos corrieron de vuelta a casa. En el autobús, Botón comenzó a llamar a su amigo con pequeños quejidos, hasta que el niño revisó la mochila y se encontró con una especie de animal de trapo espachurrado. Con sumo cuidado fue despegándolo y lo puso en libertad. Entre sus ropas lo condujo al baño, pero el pegamento no salía...

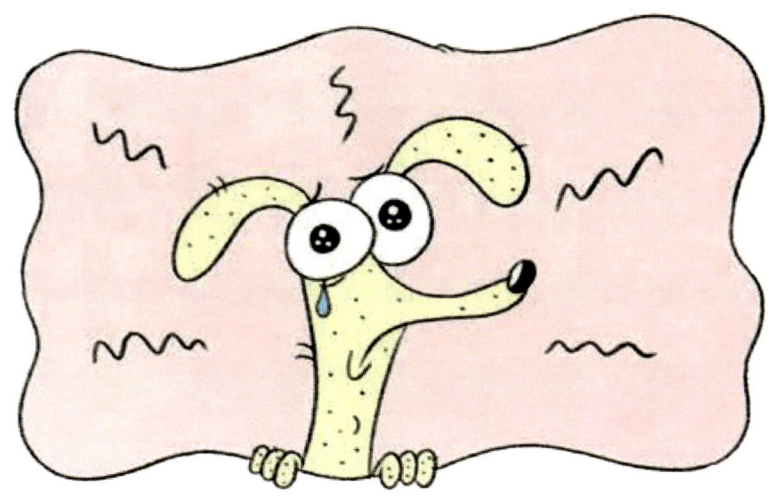

Botón temblaba, quería que lo llevaran a su camita, estaba muy mareado. Al perder el conocimiento, las patitas se le doblaron y cayó como una marioneta.

Su amigo corrió a buscar ayuda, el pobre Botón estaba muy malito, se había intoxicado con el pegamento, pues se había chupado el pelo para quitárselo. Tuvieron que transcurrir varios días hasta que, poco a poco, fue sanando.

Calvo, sin un pelo, salió Botón de la peluquería y, además, debía seguir enfermo, pues veía caer cosas blancas del cielo.

FIN

6

BOTÓN TIENE UN ÁRBOL DE NAVIDAD

Botón daba saltos de alegría, estaba muy contento por la gran idea que habían tenido sus dueños poniendo en el medio del salón un enorme árbol. Sin duda lo habían hecho pensando en él, para que pudiese hacer pis con más comodidad, puesto que aún se sentía un poco mal por la aventura del pegamento.

¡No los defraudaría!,
solo haría sus necesidades al pie del pino.

Levantando la pata festejó por primera vez
su maravillosa suerte.

En aquel momento escuchó que el resto de los habitantes de la casa se acercaban, con sus risas y sus parloteos, muy alegres.

—¡Botón! —lo llamaron—, vamos de paseo, vamos a comprar regalos...

¡Uf!, qué fastidio, con lo bien que estaba él en casa, junto a su árbol y no entre aquel gentío, rodeado de zapatones y botas.

¡Guau, guau...! Pero ¿qué era aquello? ¿Un pie gigante? Casi le había aplastado la cabeza, pero unos brazos protectores lo cogieron del suelo y lo abrazaron cariñosamente.

Paseó en un carrito, donde los regalos se iban amontonando, haciendo que él estuviese cada vez más alto y obligándole a realizar equilibrios sobre sus cortas patas para no caer al suelo. También escuchó muchos villancicos que hablaban sobre el niño Jesús y los pastores, el rico chocolate y los Reyes de Oriente.

Cuando por fin llegaron a casa, Botón se cayó de culo del susto. Habían llenado su árbol de luces (como si él no viera bien dónde estaba). Por si fuera poco, unas grandes bolas colgaban del borde de las ramas (si alguna caía, seguro que le haría un chichón).

Levantó mucho la cabeza y vio arriba del todo una estrella grandísima que brillaba mucho; parecía de plata.

¡No!, ¡ya no le gustaba! No tenían que haber adornado tanto su árbol, a Botón ya le gustaba mucho antes, pero ahora... le daría mucha pena mearlo por las mañanas.

Botón se hizo el dormido cuando vio cómo se acercaban al pie de su árbol. ¡Qué amables!, le habían dejado un gran bol con leche caliente en la alfombra. ¡Bueno!, se la tomaría más tarde, o no, mejor ahora.

¡Chist!... La ventana se estaba abriendo y un viejo con una enorme barba blanca hacía esfuerzos para meter su gran barriga por el hueco.

Cayó al lado de Botón, que, asustado, patas arriba, parecía un perro de trapo.

Un sol radiante reflejaba ya sus rayos en los cristales.

Botón se sacudió y fue bajo el árbol. Mientras se hacía pis, se preguntaba si había soñado con Papá Noel.

FIN

7

BOTÓN VISITA CHINA

Botón sabía un cuento que les había contado su mamá a él y a sus hermanos sobre la vida de un perrito en Pekín.

Este era un perrito que vivía con una familia muy pobre en el campo y no tenían para comer más que unos puñaditos de arroz.

A medida que iba recordando la historia, Botón fue cerrando sus ojos, cayendo, cada vez más, dormido y abriendo el mundo de sus sueños.

Una noche, nuestro amigo pekinés escuchó que decían que había chinos que se comían a los perros, de la misma forma que nosotros comemos un pollo o un cerdito, y a él le entró mucho miedo. Cuando todos dormían sobre sus colchonetas en el suelo, el perrito salió en la noche y muy asustado corrió entre los arrozales, hasta que, al amanecer, muy cansado, se escondió entre los sacos de arroz de una carreta y se puso a dormir.

Cuando Botón abrió los ojos, no se lo podía creer, la carreta, tras largas horas de recorrido junto a una gran muralla, había llegado a un mercado. Intentó saltar, pero sus cortas patitas se enredaron y unas enormes manos lo apresaron. El pobrecito ladraba sin parar, pero era tanto el ruido que nadie parecía oírlo.

Lo habían atado con una cuerda y lo llevaban atado como a un conejo. De pronto, unas personas que gritaban vendiendo sus mercancías lo cogieron y después de liberar sus patas, lo metieron en una caja de madera, que parecía una jaula. "¡Mamá, mamá!", llamaba Botón. "Ven a por mí, ven en mi ayuda, van a venderme como alimento y me comerán".

Agotado se acurrucó en un rincón mientras las lágrimas mojaban sus peludas patitas.

Bailando su jaula sobre una bicicleta, nuevamente siguiendo la gran muralla, Botón llegó a lo que sería su destino final, una casa.

Cuando ya todo parecía preparado para meterlo en la cazuela, una niña muy guapa con el pelo muy negro y una dulce sonrisa le abrió la puerta y lo ayudó a escapar.

Era tan grande su deseo de regresar a su casa, a su país, que corrió y corrió, hasta que sintió que ya no pisaba el suelo. La Gran Muralla quedaba bajo sus patas y los chinos con sus gorritos. ¡Todo había sido un mal sueño! Botón estaba con su familia y habían prometido llevarlo a una reserva de indios.

FIN

8

BOTÓN DE VACACIONES CON LOS INDIOS AMERICANOS

¡Aquello, sí que era divertido! Parecía un baile de disfraces. Había mucha gente, cada uno vestido de una forma y con distintos peinados.

Por una especie de vía de tren (pero pequeña), un señor con una cámara muy grande seguía a los actores y... ¡bueno!, Botón estaba en una fábrica de películas, en un estudio.

¡Caramba!, con la boca abierta Botón vio pasar una perrita rubia con el pelo más largo y más liso que él había visto nunca. La subieron a un escenario, donde habían colocado unos muebles, y allí estuvo actuando mucho rato, haciendo lo mismo una y otra vez. Botón embobado no se quería ir, se había enamorado de "Canela", pues así se llamaba.

Cuando él ya pensaba que el día se había estropeado, que ya nada le podría alegrar, llegó a un poblado indio.

Una india menuda con sus trenzas sobre los hombros mecía en un cesto un precioso bebé. Unos metros más allá, en un círculo, había unos indios sentados sobre sus piernas, con el pecho descubierto y sus largas melenas sujetas con cintas. Estaban tratando un asunto muy importante y fumaban de una pipa que se iban pasando de unos a otros.

Alrededor de las tiendas de piel en las que vivían, un grupo de niños jugaba alegremente.

Botón se acercó despacito a los caballos que, sujetos a unos postes, aguardaban a que empezase la acción.

¡Claro!, así tenía que ser. Él ya había oído que no quedaban poblados de verdad, como los de antes en América, que ahora los indios vivían en unas reservas, fuera de sus territorios y que, afortunadamente, ya nadie se metía con ellos.

Ya no cortaban cabelleras ni asaltaban las diligencias de los vaqueros.

Comenzó el rodaje y, durante unas horas, Botón vivió las escaramuzas que pudieron ocurrir en otro tiempo.

Él quería ser actor, como Canela. Él era un buen perro y muy listo. ¡Era un poco pequeño pero eso no importaba!

Botón llegaría a ser como el Pato Donald y Canela.

FIN

© Blanca Gama Mediavilla (de la obra)
©Apuleyo Ediciones (de esta edición)
Primera edición en Apuleyo Ediciones: julio 2024
Diseño de cubierta: Sofía Corzo González
Corrección: Aitor Andreu Guerrero
Maquetación: Domingo Carrasco Martín
Ilustraciones: JS
Coordinación editorial: Isidoro Cidre González
info@apuleyoediciones.com
www.apuleyoediciones.com
ISBN: 978-84-1060-192-5
Depósito legal: H 153-2024

Hecho e impreso en España.